Learn With Images Spanish / English

Aprender con imágenes Español / Inglés

Yinka A. Amuda

authorHOUSE®

AuthorHouse™
1663 Liberty Drive
Bloomington, IN 47403
www.authorhouse.com
Phone: 1-800-839-8640

Published by AuthorHouse   04/08/2013

ISBN: 978-1-4817-8854-0 (sc)
ISBN: 978-1-4817-8855-7 (e)

Edited by:

Debo Amuda
Esteban Lucero
Isabella Vicente

For Service & Smiles Company

Exercise 1/Ejercicio 1 – Friends/Amigos

1. Los dos niños se estaban peleando.

   The two boys were quarrelling with each other.

2. La chica y el chico se guiaron mutuamente en la oscuridad.

   The girl and the boy guided each other in the dark.

3. Mandy era una chica guapa querida por todos sus amigos.

   Mandy was a beautiful girl who was loved by all her friends.

4. Deberías mantener este secreto entre tú y yo.

   You should try to keep this secret between you and me.

5. Becky le dijo francamente que devolviera la pluma en seguida.

   Becky frankly told him to return the fountain pen immediately.

6.   Ni James ni Sarah vienen

conmigo.

Neither James nor Sarah is

coming with me.

Exercise 2/Ejercicio 2 – Home/Casa

1. Colgó los cuadros de la reina en la casa.

   She hung the pictures of the queen in the house.

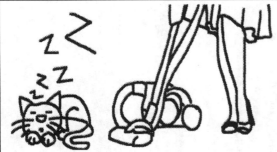

2. El reloj que estaba tirado en la mesa fue destruido.

   The clock which was lying on the table was destroyed.

3. Puedes utilizar este vaso durante todo el tiempo que quieras.

   You may use this cup as long as you want.

4. Una señora debe tener cuidado en sus tareas domésticas.

   A lady must be careful in her domestic work.

5. Uno puede comportarse de la manera que le da la gana en su propia casa.

   One can behave as one likes in one's own home.

6. Construyó no sólo una casa sino también un garaje.

He not only built a house but also a garage.

7. -¿Quién llama a mi puerta? - Soy Jack Señora.

'Who is that knocking at my door?' 'It's Jack, madam.'

Exercise 3/Ejercicio 3 – Food/Comida

1. Bebe vino todos los días.

   She drinks wine every day.

2. Los camareros comieron y bebieron del ofrecido refrigerio suntuoso.

   The waiters partook of the refreshments served on a lavish scale.

3. Ya había cenado antes de que él viniera.

   I had taken my breakfast before he came.

4. Uno no puede comer lo que le dé la gana.

   One cannot eat what one likes.

5. El ermitaño tuvo que subsistir con una dieta de frutas.

   The hermit had to subsist on fruits.

6. Las dos chicas se sirvieron.
The two girls helped themselves.

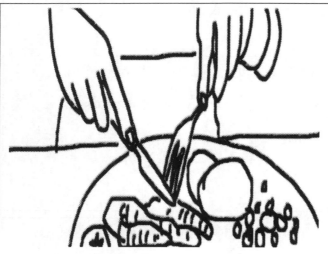

7. La chica está comiendo en un plato.
The girl is eating from a plate.

8. Les preguntó qué comían.
She asked them what they were eating.

Exercise 4/Ejercicio 4 – Opinion/Opinión

1. La señora que él amaba era bella.

   The lady whom he loved was beautiful.

2. Es bueno abstenerse de bebidas alcohólicas.

   It is good to abstain from alcoholic drinks.

3. Un hombre sensato se asegura de que las necesidades de la vejez estén cubiertas.

   A sensible man provides against old age.

4. El francés es un idioma difícil de aprender.

   French is a difficult language to learn.

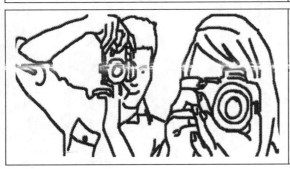

5. Los fotógrafos autónomos son populares en general.

   Freelance photographers are generally popular.

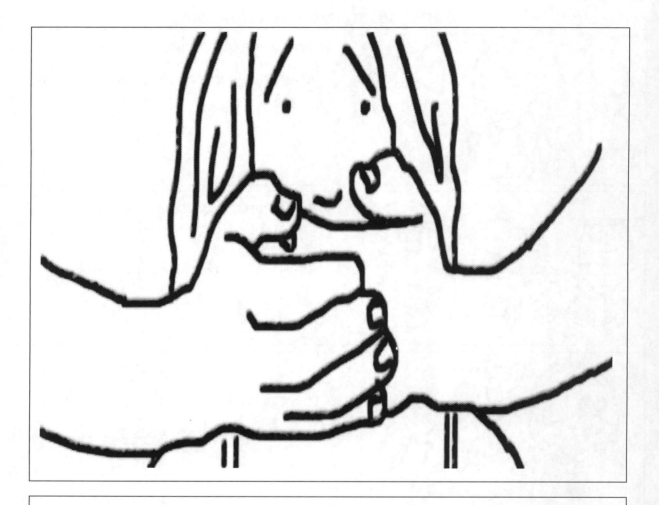

6. Me matarán y nadie me salvará.

I shall be killed and nobody will save me.

Exercise 5/Ejercicio 5 – Money/Dinero

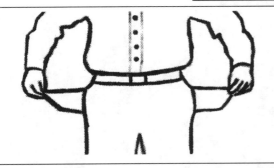

1. El hombre no pudo pagar lo que debía.

The man was unable to pay what he owed.

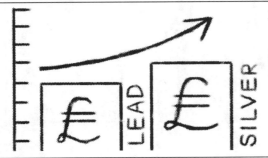

2. Tanto la plata como el plomo han subido de precio.

Silver as well as lead has risen in price.

3. El príncipe le dio no sólo comida sino también dinero.

The prince not only gave him food but money also.

4. Cada una de las enfermeras fue sancionada por el médico.

Each of the nurses was fined by the doctor.

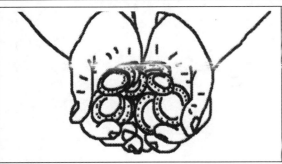

5. El comerciante contribuyó con una suma grande para una causa buena.

The trader contributed a large sum towards a noble cause.

6. Quinientas libras no es una suma suficiente para el proyecto. Five hundred pounds is not enough for the project.

Exercise 6/Ejercicio 6 – Travel/Viaje

	1. La chica intentó volver rápido. The girl tried to return quickly.
	2. Cristóbal Colón descubrió América. Christopher Columbus discovered America.
	3. El viajero fue ahorcado por los ladrones. The traveller was hanged by the thieves.
	4. El forastero tiene el poder de adaptarse a las circunstancias. The stranger has the power to adapt himself to circumstances.
	5. Cuarenta millas no es una distancia corta. Forty miles is not a short distance.

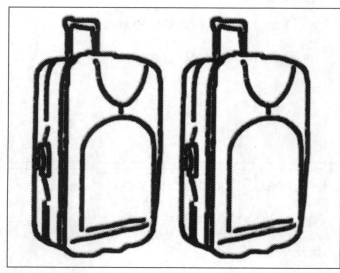

6. Prepara las maletas para mi llegada.

Get the luggage ready for my arrival.

7. El coche se estuvo parado durante tres meses.

The car remained stationary for three months.

8. El barco fue hecho pedazos.

The boat was broken up.

Exercise 7/Ejercicio 7 – Comparison/Comparación

1. Este es el edificio más antiguo de Cardiff.

   This is the oldest building in Cardiff.

2. El es el mejor de todos los conductores.

   Of all the drivers he is the best.

3. Tanto mi hermano como mi hermana son amables.

   My brother as well as my sister is kind.

4. Esta corbata es mejor y no inferior a esa corbata.

   This necktie is better than and not inferior to that necktie.

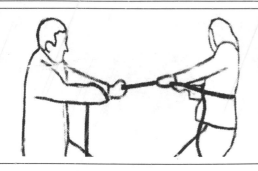

5. ¿Eres más fuerte que yo?

   Are you stronger than me?

6. David es el mejor jugador.

David is the best player.

7. El es más honesto que cualquier otro comerciante.

He is more honest than any other trader.

8. El chico es tan valiente como yo.

The boy is as brave as me.

9. Una tela nueva es mejor que una vieja.

A new cloth is better than an old one.

10. El hombre es más fuerte que yo.

The man is stronger than me.

	11. Es preferible la sabiduría antes que la riqueza. Wisdom is preferable to wealth.
	12. El taller es peor que antes. The workshop is worse than before.
	13. La salud es más importante que la riqueza. Health is more important than wealth.
	14. Londres es la ciudad más grande de todas las ciudades del Reino Unido. London is the largest of all the UK cities.
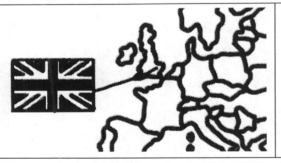	15. Birmingham es más grande que cualquier ciudad en la región central de Inglaterra. Birmingham is larger than any city in the Midlands.

16. Creo que de los dos Andrew es el mejor jugador de tenis.

I think Andrew is better of the two at tennis.

17. Este fue el golpe más duro que jamás hemos sufrido.

This was the severest blow we have ever endured.

18. Ni Tom ni John vienen conmigo.

Neither Tom nor John is coming with me.

19. Parecía que los chicos iban vestidos de manera parecida.

The boys seemed to be dressed in a similar manner.

20. Su vestido es más caro que el mío.

Her dress is costlier than mine.

21. La chica baila como yo.

The girl dances like me.

22. Esta tienda es más grande que esa tienda.

This shop is larger than that shop.

23. Muhammad fue el boxeador más grande de su época.

Muhammad was the greatest boxer of his age.

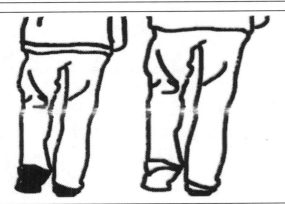

24. El hijo camina de exactamente la misma manera que el padre.

The son walks exactly as the father does.

Exercise 8/Ejercicio 8 – Education/Educación

1. Estos libros son útiles para los estudiantes.

   These books are useful for the students.

2. Uno de los libros no se puede encontrar en la librería.

   One of the books is not available in the bookshop.

3. El propietario dijo que mantendría abierta la escuela.

   The proprietor said that he would keep the school open today.

4. Muchos estudiantes fueron castigados por el profesor.

   Many students were punished by the teacher.

5. Hace tres anos estaba estudiando en Londres.

   Three years ago she was studying in London.

6. Había muchos libros tirados en el estante.

Many books were lying on the shelf.

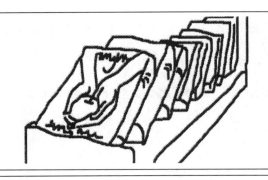

7. Ella no entendía las matemáticas.

Mathematics was not understood by her.

8. La Señorita Taylor devolvió el libro que no podía leer.

Miss Taylor returned the book which she could not read.

9. Me aseguraré de que se hagan los deberes.

I will see that the homework is done.

10.   El mensaje del profesor era oral, no escrito.

The lecturer's message was verbal not written.

11. Cada uno de los chicos era experto en matemáticas.

Each one of the boys was well versed in Mathematics.

12. Se llevó todos los libros que estaban en la mesa.

She took away all the books on the table.

13. Cada uno de los veinte estudiantes fue invitado al teatro.

Each of the twenty students was invited to the theatre.

14. El profesor estaba enfadado con los estudiantes.

The lecturer was angry with the students.

15. El trabajo duro es imprescindible para tener éxito en los exámenes.

Hard work is essential for success in examinations.

16. El profesor no pudo localizar a ningún ausente.

No single truant was traced by the teacher.

17. El castigo corporal no está permitido en la escuela.

Corporal punishment is not allowed in the school.

18. Los estudiantes estudian objetos corpóreos en el laboratorio.

The students study corporeal objects in the laboratory.

19. Aprobé mi examen el trimestre pasado.

I passed my test last term.

20. ¿Quién es más inteligente – Tom o Kenny?

Who is more intelligent, Tom or Kenny?

21.   Sólo un estudiante entró tarde la semana pasada.

Only one student came in late last week.

22.   El alumno se puso en camino temprano para no llegar tarde.

The pupil started early so that he might not be late.

23.   Los estudiantes en el laboratorio no son trabajadores.

The students in the laboratory are not hardworking.

24.   El chico está ausente el viernes.

The boy is absent on Friday.

25.   Hoy llego tarde al colegio.

Today I am late for school.

26. El profesor me dio un buen consejo.

The teacher gave me some good advice.

27. Cada uno de ellos fue alabado por el profesor.

Each of them was praised by the teacher.

28. Tienes que obligar a los chicos estudiar el texto.

You must make the boys study the passage.

29. No se le invitó a nadie para la obra con la excepción de los profesores.

No one was invited for the play except the lecturers.

30. Una serie de conferencias ha sido organizada por la escuela.

A series of lectures has been arranged by the college.

31. Cada chica de la clase hará lo mejor que pueda.

Every girl in the class will do her utmost.

Exercise 9/Ejercicio 9 – Recreation/Leisure/ Recreación/Ocio

1. Los niños van al parque.

   The boys go to the park.

2. Paul siempre es juguetón en casa y en el patio.

   Paul is always playful at home and on the playground.

3. Ni los tutores ni los estudiantes asistieron al baile.

   Neither the tutors nor the students were present at the dance.

4. El chico se zambulló al río.

   The boy plunged into the river.

5. No se les debería dar tales libros a los niños.

   Such books ought not to be given to children.

6. ¿Quieres que venga a jugar contigo?

Shall I come to play with you?

7. Los dos chicos tenían muchos libros.

Both boys had many books.

8. *Los Viajes de Gulliver* es un libro muy popular.

Gulliver's Travels is very popular.

9. Linda tiene uno de los libros más vendidos de la librería.

Linda has one of the best-selling books from the bookshop.

Exercise 10/Ejercicio 10 – Individual (1st/3rd person)/Individuo (1 ª o 3 ª persona)

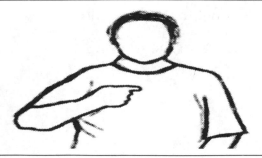	1. Fui yo la persona que lo tenía que haber hecho. It was I who should have done it.
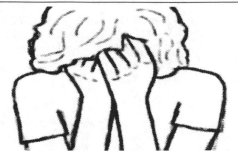	2. Se avergonzó de su error. She was ashamed of her mistakes.
	3. No me gustó ninguno de los regalos. I didn't like any of the presents.
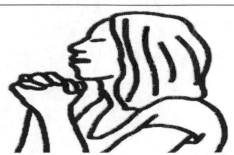	4. Pronto tendrá que arrepentirse. She will have to repent soon.
	5. Había visto el pájaro en la jaula. I had seen the bird in the cage.

6. Aunque sea pobre tiene orgullo.

   Though he is poor, he is proud.

7. Sus conocimientos de inglés son pobres.

   His knowledge of English is poor.

8. Recibí un paquete de libros.

   A parcel of books was received by me.

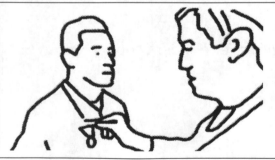

9. Insistí en tener mi recompensa.

   I insisted on having my reward.

10.   Uno tiene que ser meticuloso con su negocio.

   One must be particular about one's business.

11.	Francis ha resuelto sólo cinco problemas.

	Francis has worked out only five problems.

12.	Uno puede comportarse como le dé gana en su propia habitación.

	One can behave as one likes in one's own room.

Exercise 11/Ejercicio 11 – Health/Salud

1. Está dormido desde el jueves pasado.

   He has been asleep since last Thursday.

2. Sufre de gripe aviar dese hace una semana.

   She has been suffering from bird flu for one week.

3. Muchas mujeres fueron heridas en la pelea callejera.

   Many women were wounded in the street fight.

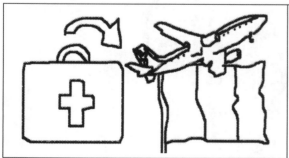

4. Uno de los niños me dice que ha habido un accidente.

   One of the children tells me that an accident has taken place.

5. El es uno de los médicos particulares que han ido a Francia.

   He is one of the private doctors that have gone to France.

6. El médico apenas se había dado la vuelta cuando las enfermeras gritaron.

The doctor had scarcely turned his back when the nurses shouted.

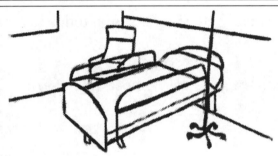

7. El hospital tiene habitaciones espaciosas.

The hospital has spacious rooms.

8. Los niños que estaban en el autobús se mataron.

The boys that were in the bus were killed.

9. Llevo cinco semanas enfermo.

I have been sick for five weeks.

10. Dennis parece pálido ¿verdad?

Dennis looks pale doesn't he?

11. El médico le curó al paciente su enfermedad.
The doctor cured the patient of his disease.

12. El paciente va al hospital todos los días.
The patient goes to the hospital every day.

13. El médico atendió a su paciente.
The physician attended to his patient.

14. La batalla campal es siempre agotadora.
Pitched battle is always exhausting.

15. Mi hermana lleva tres ahora acostada.
My sister has been lying down for three hours.

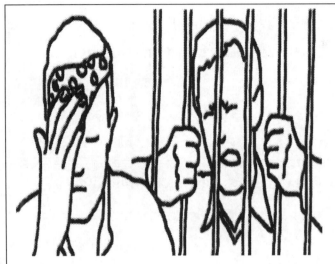

16. Uno fue herido y uno capturado.
One was wounded, and one was captured.

17. La enfermedad del chico es incurable.
The boy's disease is incurable.

18. El aire fresco es bueno para la salud.
Fresh air is conducive to good health.

Exercise 12/Ejercicio 12 – Family/Familia

1. Los siete niños se querían.

   The seven boys loved one another.

2. Tu hermana tiene mucho dinero.

   Your sister has a lot of money.

3. Andrew es heredero de un patrimonio grande.

   Andrew is the heir to a large estate.

4. Sus hermanos mayores mostraron su cariño hacia él.

   His older brothers showed their love for him.

5. Mi hermano mayor me está ayudando.

   My older brother is helping me.

6. El chico estaba sentado al lado de su hermano.

The boy was sitting beside his brother.

7. ¿Escribirás una carta a tu madre?

Will you write a letter to your mother?

8. El padre tiene un verdadero afecto por su hijo.

The father has real affection for his son.

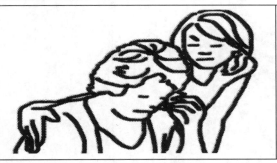

9. A mi madre no le gustó que me metiera en ese asunto.

My mother did not like my interfering in that matter.

10. Se encontró con su padre en camino hacia la obra de teatro.

She met her father on her way to the play.

11.　Los maridos tienen una predisposición en favor de sus mujeres.

Husbands have a bias towards their wives.

12.　Uno tiene que amar a su esposa.

One must love one's wife.

Exercise 13/Ejercicio 13 – Conversation/Social Occasion/ Conversación/Ocasión Social

1. ¿Cuando irás a casa?

   When will you go home?

2. Ha aceptado y sigue de acuerdo con tu sugerencia.

   He has agreed and he still agrees to your suggestion.

3. Ya no habló más.

   He spoke no further.

4. Dice que irán a casa al día siguiente.

   She says that she will go home the following day.

5. Las noticias fueron alarmantes.

   The news was alarming.

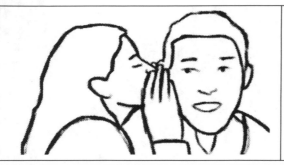

6. ¿Me contarás el cuento que has oído?

Will you tell me the tale that you have heard?

7. Cada uno de los dos niños resolvió los problemas del otro.

The two boys solved the problems of each other.

8. ¿A quién le contaste las noticias?

To whom did you tell the news?

9. Está enfadada conmigo.

She is angry with me.

10.   Los chicos dijeron la verdad.

The boys spoke the truth.

11. Este asunto es entre tú y yo.

This matter is between you and me.

12. Tú y Charles vais a representar el pueblo.

You and Charles are representing the town.

13. Me complace aceptar tu invitación para el próximo sábado.

I am pleased to accept your invitation for next Sunday.

14. ¿Por qué mientes?

Why did you lie?

15. Uno de nosotros tiene que ir a la reunión.

One of us must go to the meeting.

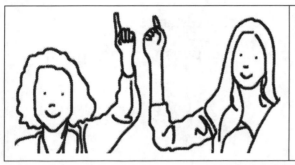
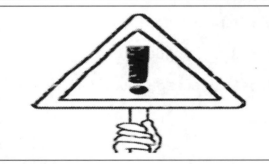

16.   Ambas chicas estaban presentes.

Both girls were present.

17.   La decisión es entre tú y yo.

The decision is between you and me.

18.   Yo en tu lugar no iría.

I would not go if I were you.

19.   ¿Te puedo acompañar al teatro?

May I accompany you to the theatre?

20.   Tengo un gran deseo de conocerte.

I have a great desire to meet you.

21. El hombre no dijo quién fue.

The man did not say who it was.

22. ¿Tienes alguna dificultad en entender el francés?

Do you have any difficulty in understanding French?

23. ¿Cuándo vendrás a mi jardín?

When will you come to my garden?

24. ¿Con quién prefieres jugar?

Whom would you prefer to play with?

Exercise 14/Ejercicio 14 – Work/Trabajo

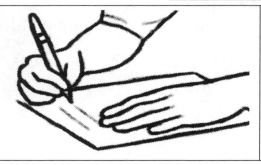

1. El escritor estaba empeñado en terminar el libro.
   The Author was bent upon completing the book.

2. El último aprendiz se incorporó ayer.
   The last apprentice was admitted yesterday.

3. El trabajar duro, y concentrarse, ha asegurado su éxito.
   Hard work in addition to concentration has ensured his success.

4. Se le acusó de incumplimiento de su deber.
   She was accused of neglect of duty.

5. Los bailarines prefieren la ropa suelta.
   The dancers prefer loose clothes.

6. La clase trabajadora debe llevar una vida frugal.

The working class must lead an economical life.

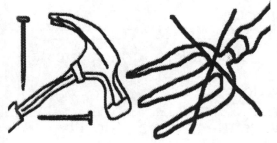

7. El peón no trabaja en el campo.

The labourer does not work in the field.

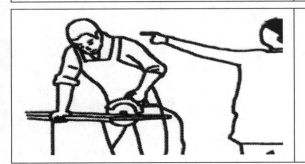

8. Uno de los carpinteros que fueron contratados ha sido despedido del trabajo.

One of the carpenters who were employed, has been dismissed from the work.

9. El aprendiz debe obedecer a su maestro.

The apprentice should obey his master.

10. La chica estaba ensimismada con su trabajo.

The girl was absorbed in her work.

11. Deja que todo el mundo haga su trabajo.

Let everyone do their work.

12. El caballero forma parte del jurado.

The gentleman is on the jury.

13. Las veinte enfermeras en la sala se ayudaron las unas a las otras.

The twenty nurses in the ward helped one another.

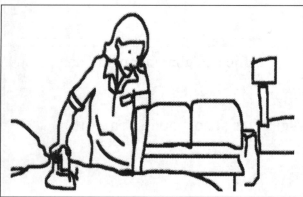

14. No le queda más remedio a uno que sentir lástima por la pobre criada.

One cannot help feeling sorry for the poor maid.

Exercise 15/Ejercicio 15 – Fact/Hecho

1. Los árboles de caucho perdieron sus hojas hace una semana.

   The rubber trees cast their leaves a week ago.

2. La chica que es débil les tiene miedo a los demás.

   The girl who is weak is afraid of others.

3. Su escritura fue ilegible.

   Her handwriting was illegible.

4. Una unidad especial de policía fue nombrada para investigar los problemas.

   A special police unit was appointed to investigate the trouble.

5. Edison inventó la bombilla eléctrica moderna.

   Edison invented the modern electric light bulb.

6. Ella es la secretaria honoraria del club.

She is the honorary secretary to the club.

7. Vi la palmera que fue tirada por la tormenta.

I saw the palm tree which was blown down by the storm.

8. Este es uno de los edificios construidos por el arquitecto.

This is one of the buildings that were built by the architect.

9. Como era sábado por la tarde todas las tiendas estaban cerradas.

As it was Saturday afternoon, the shops were all closed.

10. El alcalde es el hombre principal de nuestro distrito.

The Mayor is the principal man in our district.

	**11.** Se le otorgó un premio a cada uno de las chicas. Each of the twelve girls was awarded a prize.
	**12.** *Grandes Esperanzas* fue escrito por Charles Dickens. *Great Expectations* was written by Charles Dickens.
	**13.** *Los viajes de Gulliver* fue escrito por Swift. *Gulliver's Travels* was written by Swift.
	**14.** Andy mató sólo cuatro palomas blancas. Andy killed only four doves.
	**15.** Todo su pelo era negro. All his hair was black.